GUILLAUME BONNECARRERE,

Aux Citoyens composant le Comité révolutionnaire de la Section de la Fontaine-de-Grenelle.

Nota. Les différentes pièces justificatives sont déposées aux archives des jacobins, au département des affaires étrangères, au comité de sûreté générale de la convention nationale, et au comité révolutionnaire de la Section de la Fontaine-de-Grenelle.

CITOYENS,

Depuis le commencement de la révolution, j'ai servi la cause populaire avec courage et loyauté. Il existe dans les archives des jacobins, ainsi qu'au département des affaires étrangères; des preuves matérielles de mon dévouement à l'égalité et à la liberté, et de ma constante sollicitude pour la conservation du nouveau régime.

Le 10 août 1792, Brissot, Roland et leur parti, cherchèrent à me rendre suspect; parce que mon opposition à leurs vues ambitieuses auroit infailliblement fait échouer dans son principe leur plan de domination et de fédéralisme. Sur la motion de Brissot, le scellé fut mis sur tous mes papiers; j'obtins un décret de l'assemblée législative pour la levée du scellé, et d'après ma demande, il fut nommé deux commissaires, membres du comité de sûreté générale, chargés spécialement d'y assister.

A 2

(4)

La vérification et l'examen de mes papiers se firent avec toute la rigueur possible : il résulta de cette démarche éclatante que j'avois moi-même provoquée , un procès-verbal très-honorable qui fut imprimé et présenté par affiches et distribution à tous mes concitoyens. L'assemblée générale daigna en entendre la lecture avec intérêt , et me réintégra , par un arrêté , dans la plénitude de mes fonctions civiques, que j'ai toujours remplies de manière à mériter son estime.

J'avois toujours les mêmes ennemis , je veux dire Brissot, Roland , et leur faction ; j'étois encore pour eux un homme suspect et dangereux, parce que j'avois dévoilé tout ce que je savois de leurs machinations. Le moment de la trahison de Dumouriez arriva , et la faction , qui vouloit cacher ou faire prendre le change sur ses funestes intelligences avec Dumouriez , me fit arrêter à cause de mes anciennes relations avec ce traître général. Citoyens, ici il est important , autant pour l'intérêt de la chose publique , que pour ma justification personnelle et complette , que j'invoque le témoignage de plusieurs jacobins bons républicains , à la sollicitation desquels je fis des démarches pour rapprocher le traître Dumouriez de la société des vrais amis de l'égalité et de la liberté , et surtout pour le convaincre que le salut de la république dépendoit du parti qu'il prendroit à cet égard.

Il y avoit près de trois mois que je n'avois eu avec le traître Dumouriez aucune relation directe ni indirecte , quand la faction des hommes d'état me fit incarcérer dans la prison de l'Abbaye , après avoir fait apposer préalablement une seconde fois le scellé sur mes papiers. Je fus arrêté sans dénonciation , et détenu sans motif pendant quarante jours. Le scellé levé en présence du citoyen

(5)

Langier, juge-de-paix, et de deux membres du comité de surveillance de la section, dont le procès-verbal a prouvé authenti-
quement l'injustice commise par l'influence coupable des hommes
d'état, j'ai été mis en liberté; et certes, les épreuves que j'ai
subies ne peuvent laisser rien à désirer pour ma justification aux
citoyens les plus difficiles et les plus exigeans.

Depuis cette époque, j'ai continué à remplir mes devoirs de
citoyen avec le même zèle et la même exactitude, sans autre
ambition que celle de mériter l'estime, la confiance et l'amitié de
mes frères d'armes.

L'assemblée générale de ma section m'a fait l'honneur de me
nommer son président; et les citoyens membres du comité révolutionnaire, plus à portée de connoître ma conduite, et de
s'assurer de mes principes républicains, ont été les premiers à
proposer à l'assemblée générale de me réélire président jusques
au 15 de ce mois, motivant leur proposition sur les circonstances
fortes dans lesqu'elles nous nous trouvions, et sur le caractère
républicains et vigoureux que j'avois contribué à redonner à la
section de la Fontaine-de-Grenelle.

Le 3 du courant, je fus réélu par acclamation, et à l'unanimité, malgré les efforts que je montrai pour m'en défendre. Le
lendemain 4, l'assemblée générale reçut une circulaire de la
société des amis de l'égalité et de la liberté, par laquelle toutes
les sections étoient invitées à nommer des commissaires, à l'effet
de se réunir aux Jacobins, pour aller présenter à la convention
nationale une pétition. Cette pétition, lue au milieu des plus
vifs applaudissemens, la section y adhéra avec transport, et una-
nimement. Je fus nommé commissaire avec le citoyen Petit-

George : je voulus consulter plusieurs fois l'assemblée générale sur la nomination des citoyens Pons, Blondel, &c. ; forcé de mettre aux voix ma nomination, elle fut adoptée ; les pouvoirs furent expédiés.

Aujourd'hui, citoyens, je me suis rendu aux jacobins avec le citoyen Petit-George. Quelques membres de la société ignorant encore que j'étois muni d'un pouvoir de ma section pour la représenter, sembloient étonnés de me voir parmi eux ; je me suis approché pour m'expliquer fraternellement, et le citoyen Petit-George, présent à cette explication, pourra vous dire que j'ai défendu les intérêts de la section de la Fontaine-de-Grenelle, dont la masse des citoyens pure et pénétrée des principes républicains, ne mérite pas d'être calomniée.

La séance ouverte, j'ai été dénoncé comme un homme suspect, qui n'étoit pas digne de siéger dans l'assemblée des amis de l'égalité et de la liberté. Au milieu du tumulte inséparable des crises révolutionnaires, n'ayant pu parvenir à me faire entendre, j'ai été jugé sans être entendu, et traduit, en vertu d'un arrêté de la société constituée en portion du peuple souverain, devant vous par deux militaires qui ont bien voulu répondre de ma personne, et auxquels je dois l'hommage de mes sentimens de fraternité et de reconnoissance.

Citoyens, je suis prêt à répondre à toutes les interpellations qui pourront m'être faites sur ma conduite publique et privée, depuis le commencement de la révolution ; et après vous avoir prouvé par des faits et par des témoins irrécusables que, le premier, j'ai démasqué la faction Brissot, Roland et consors ; que j'ai toujours défendu l'égalité et la liberté ; que j'ai toujours fait profession d'abhorrer le despotisme et les despotes ; alors je n'aurai pas mérité de perdre l'estime de mes concitoyens ; alors les citoyens qui, sans me connoître , se sont permis contre moi des inculpations vagues , se feront , sans doute , un devoir , en hommes libres et justes , de me consoler du chagrin qu'ils m'ont fait , et de la rigueur avec laquelle ils m'ont traité , trop occupés qu'ils étoient avec raison des grandes mesures de salut public.

Citoyens , je prends l'engagement de vous soumettre et de communiquer dans deux jours à mes concitoyens réunis en assemblée générale , un compte public de ma conduite révolutionnaire depuis le 14 juillet 1789. Ce compte sera appuyé de titres justificatifs , et de preuves incontestables : j'espère qu'il fera taire la calomnie , et qu'il satisfera les citoyens qui , comme vous, cherchent de bonne foi la vérité.

GUILLAUME BONNECARRÈRE

A SES CONCITOYENS.

JE viens me traduire devant l'opinion publique , à-la-fois accu-
sateur sévère et juge suprême de toutes les actions des hommes ,
tribunal redoutable auquel on reprocha quelquefois une préci-
pitation fâcheuse , mais que l'injustice rendit rarement tributaire
de ses funestes conséquences.

Le temple élevé à l'égalité et à la liberté a retenti de dénonciations vagues contre moi : je viens provoquer toute la sévérité
de votre censure , et j'attends avec la confiance d'une ame pure
et invariable dans ses principes , la réparation qui naîtra du
compte public que vous doivent ma franchise et ma loyauté.

Ami de la révolution , spectateur actif de la sainte insurrection
qui en signala l'époque mémorable , je consacrai la première
année de l'ère de la liberté française à servir la chose publique
avec un caractère d'indépendance et de désintéressement qui
rehaussa le prix de mes services. Je ne fus jamais indécis devant
les allarmes qui vainquirent la tiédeur d'un grand nombre de

patriotes. Je plaçai , sans hésiter , mon nom sur le tableau des proscrits que les vengeances despotiques désignoient pour servir d'exemple aux citoyens courageux. Né dans la classe du peuple , je ne fus pas le dernier à me cuirasser de cette devise des amis de l'égalité : *vive libre ou mourir*. Devenu membre de cette société , si célèbre par la pureté de son esprit et de ses principes , je méritai bientôt sa confiance par mon zèle infatigable et par mes travaux. Je fus nommé presqu'à l'unanimité à plusieurs places dans ses divers comités , et notamment à celle de secrétaire de l'assemblée générale , dont je remplis les fonctions pénibles et délicates à la satisfaction de tous mes frères.

Comme membre du comité de correspondance , je fus chargé pendant plus de six mois de correspondre avec vingt-cinq départemens , et je fondai l'établissement précieux des archives , dont on peut citer l'ordre et l'utilité.

Comme président du comité d'administration , je contribuai à établir un mode de comptabilité simple et clair , je portai l'œil de l'économie sur les finances de la société. J'invoque sur ces faits le témoignage de mes collègues , de la société entière , et surtout du citoyen Desfieux , alors trésorier. J'ajouterai que par mes démarches , j'obtins de la commission aux postes , le port franc pour tous les paquets , ce qui assura à la société la plus grande latitude pour les expéditions, et des avantagès incalculables (1).

Comme membre du comité de présentation , je me fis un devoir d'être exact à toutes les séances. Les citoyens Collot-d'Herbois, Robespierre jeune et Desfieux en étoient membres.

Comme secrétaire de l'assemblée générale , j'étois chargé de la

____

(1) J'ignore ce qui s'est pratiqué depuis.

(10)

signature et de l'expédition des lettres d'affiliation : près de quatre
cents furent accordées à des sociétés qui se sont toujours distinguées
par leur civisme et leur surveillance. J'étois également chargé
de rédiger les procès-verbaux , ainsi que les extraits de la correspondance. Voici à cet égard une explication nécessaire pour
détruire les soupçons que la malveillance a répandus et que la
bonne-foi a accueillis trop légèrement.

La correspondance des sociétés affiliées parvenoit d'abord au
secrétariat : le lendemain matin , elle étoit portée au secrétaire
de service par un ou plusieurs citoyens commis , suivant la
quantité plus ou moins considérable de paquets. L'ouverture des
lettres et la lecture avoient lieu en présence du commis ; l'extrait
et l'analyse se faisoient sous la dictée du secrétaire , et par le
commis. Ces opérations duroient le plus souvent depuis six heures
du matin jusques à quatre heures du soir ; l'assemblée générale
en entendoit la lecture le même jour , et de suite le renvoi en
étoit fait au comité de correspondance. Ici j'ai besoin d'observer
seulement que le citoyen Collot-d'Herbois a long-tems partagé
ce travail avec moi.

La publicité de ces différens objets étoit nécessaire pour ne
laisser à la calomnie aucun moyen d'égarer le peuple sur l'utilité
des associations patriotiques. Comment donc aurois-je pu sous ce
rapport trahir les intérêts de la Société ? Cette explication suffira
sans doute pour démontrer que je ne pouvois que les servir.

Je fus nommé, à la fin de mars 1791 , ministre plénipotentiaire
à Liège. Depuis la révolution je n'avois sollicité aucune place,
et avant d'accepter celle qui m'étoit offerte , je consultai la Société.
qui consacra son approbation par un arrêté qui me continuoit dans

les fonctions de secrétaire, quoique devenu agent du pouvoir exécutif

Le premier juin 1791 cessèrent mes fonctions de secrétaire. Voyant que le tyran mître de Liège, effrayé de mes principes, ne vouloit pas me recevoir, je me décidai à demander un congé de quatre mois, dont ma santé avoit grand besoin ; & muni d'un diplome, signé *Prieur*, député & membre du comité de salut public de la convention, je partis, le 3 juin, pour aller à Muret dans ma famille. J'étois à deux cens lieues de Paris lors de la fuite de Louis Capet, & lors de la scission, qui malheureusement se manifesta aux Jacobins : je restai ataché de cœur & de principes à la Société-mère, & je revins à Paris à la fin du mois d'octobre. Quoique les frayeurs du prince de Liège ne fussent pas dissipées, j'appris qu'il s'étoit déterminé à me reconnoître, et je fis mes préparatifs pour me rendre à mon poste : mais, vaine espérance, mon départ fut retardé, ce qui nuisit infiniment aux dispositions révolutionnaires dans lesquelles se trouvoient les patriotes liégeois, qui m'atten-doient avec impatience pour les faire éclater.

Mon opposition au parti Lameth, dont je dévoilai de bonne heure à la Société les vues ambitieuses et tyranniques, m'avoit fait quelques ennemis ; et quoique ces *messieurs* n'eussent plus une influence apparente, à cause de la part active qu'ils avoient pris à la scission, quand à mon retour je voulus me faire repré-senter à la Société, les citoyens Collot d'Herbois, Desfieux, Taschereau et Simone, auxquels je communiquai mon dessein, me conseillèrent d'attendre un moment plus favorable.

Arriva l'époque de ma nomination à la place importante de directeur général du département politique, le 16 mars 1792.

C'est ici, citoyens, que je vous supplie de me suivre dans

toutes les tribulations que me suscita *Brissot*. Il n'est point de moyen qu'il n'employa pour empêcher ma nomination, parce que son projet étoit de se rendre maître du conseil, en composant avec la cour, et en faisant nommer ses dignes amis Roland et Clavière; le premier au ministère de l'intérieur, le second à celui des contributions publiques.

En effet, citoyens, je devins un homme dont il falloit se méfier, car j'avois pénétré le plan de Brissot, et je n'avois pas la lâcheté de le seconder.

Mon premier pas dans le département qui m'étoit confié fut de l'organiser entièrement; de démettre les commis courbés sous les habitudes du despotisme, et de les remplacer par des jacobins passionnés pour l'égalité. Le département des affaires étrangères fut le seul, grace à mon courage, qui s'épura au feu du patriotisme. Le système politique fut changé, et déjà le 20 mars, quatre jours après ma nomination, au style rampant de l'esclavage, succéda l'idiôme de la liberté : nos ministres auprès des cours étrangères commencèrent à parler de la souveraineté du peuple : notre atitude devint fière, et les négociations reprirent leur activité dans presque toutes les parties de l'Europe. La guerre fut déclarée à la maison d'Autriche, avec l'intention de l'isoler des autres puissances, et le fatal traité de 1756 fut rompu pour toujours. Les patriotes Brabançons, Liégeois et Bataves méritoient l'intérêt et les secours des Français régénérés; ils furent encouragés par tous les moyens qui dépendoient du département politique à former une réunion révolutionnaire. Ma correspondance particulière à leur égard, et leur honorable gratitude consignée dans un procès-verbal, déposeront de ma sollicitude, de mes vœux et de

mes

mes efforts pour assurer l'indépendance de ces généreux et braves compagnons d'armes.

Un système de trahison présida bientôt à toutes nos opérations militaires ; mais le département que je dirigeois resta pur et invariable dans ses plans, malgré les changemens de ministres, opérés exprès pour entraver le mouvement de la machine politique. Je voyois beaucoup de députés patriotes et je confiois ce qui étoit important et utile par préférence aux citoyens Hérault-Séchelles, Mailhe, Delmas, etc.

Le 16 juillet 1792, le département des affaires étrangères devint vacant, et l'intérim en fut confié au ministre de la marine. Déjà j'avois communiqué plusieurs fois à la commission extraordinaire les dépêches officielles avant que le roi les eût lues : je continuai cette communication durant l'intérim, et je me défendis surtout de porter les dépêches au roi, à qui je ne parlai jamais, non plus qu'à la reine, ni à aucun de leurs alentours.

Un jour ayant reçu des dépêches officielles de Londres, et une lettre d'un agent secret chargé par moi, à cause de ses relations avec le ministère Britanique, de m'envoyer les renseignemens qu'il pourroit se procurer ; trouvant entre la dépêche officielle, et la dépêche particulière, une contradiction frappante relativement aux dispositions du cabinet de Saint-James, j'allai sur le champ en faire part à la commission extraordinaire.

La dépêche officielle, ouvrage du sieur Duroveray, attaché malgré moi à l'ambassade de Londres, par la protection et volonté de Brissot, Clavière et Roland, quoiqu'il fût bien reconnu pensionnaire de l'Angleterre, ennemi du nouveau régime, et de plus vendu au ministère anglais, la dépêche officielle, dis-je,

(14)

portoit le caractère de la confiance et de la foi la plus entière à la neutralité de la Grande-Bretagne. La dépêche particulière annonçoit au contraire tous les préparatifs hostiles de cette puissance. Un passage remarquable étoit conçu en ces termes :

» La correspondance des princes français et des émigrés avec
» les ennemis de l'intérieur, se fait par la voie de Hollande et de
» Genève, et par l'entremise des frères Duroveray. «

Brissot ne put me pardonner le courage que j'avois eu de démasquer ainsi son ami, son homme de confiance. Depuis ce tems, quelle a été la conduite de Brissot? Je ne parlerai pas de ses vengeances contre moi ; le grand intérêt de la république mérite seul toute toute mon attention. Quelle a donc été la conduite de Brissot ? De bercer la nation des fausses assurances de neutralité de la part de l'Angleterre, de laisser ainsi le ministère anglais préparer à loisir ses moyens hostiles, de faire conserver auprès de l'ambassadeur à Londres un homme justement suspect, dénoncé par moi, et dénoncé depuis par plusieurs places de commerce. Duroveray fut enfin chassé par le conseil exécutif provisoire, tant sa collusion avec le ministère britanique étoit démontrée ; et Brissot, après avoir participé à l'arrêté coupable sur la liberté de l'Escaut, conspira et rédigea l'acte de déclaration de guerre contre l'Angleterre, le jour même où des négociations pacifiques étoient réciproquement provoquées et entamées par l'entremise de la Hollande.

Citoyens, l'influence de Brissot m'avoit éloigné de la place de directeur - général du département politique; un faux fut commis par lui dans le décret qui me suspendit de mes fonctions de ministre plénipotentiaire à *Philadelphie*, auprès d'un peuple libre.

L'assemblée législative , dupe de ses intrigues , et servant , sans s'en douter , ses haînes personnelles , oublia mes démarches auprès de la commission extraordinaire et du comité diplomatique ; elle crut trop facilement aux calomnies que Brissot inventa contre moi pour mieux tromper la confiance du peuple.

Je sortis victorieux de toutes les attaques qui me furent faites par Brissot , et je pris le parti de la retraite, en gémissant des coups qu'il portoit à la république.

J'avois toujours à cœur l'indépendance des Belges, des Liégeois et des Bataves. L'entrée des armées françaises dans les Pays-Bas réveilla mes vœux et mes espérances. Je fus invité par le comité de sûreté générale de la convention à aller parcourir nos nouvelles possessions , et visiter nos nouveaux frères. Le premier, je rendis compte au comité de l'état de dénuement dans lequel se trouvoient les soldats de la république; le premier, je lui témoignai mes inquiétudes sur le défaut de surveillance qui existoit dans nos avant-postes et dans nos cantonnemens : à Liège surtout , où j'avois une dette à payer au petit tyran mîtré , j'eus le bonheur de prononcer le discours pour la plantation de l'arbre de la liberté , et de prêcher les droits imprescriptibles de l'homme à un peuple mûr pour la liberté. Je revins à Paris le 20 décembre , après avoir été témoin du succès de nos armes.

Dumouriez (je n'ai pas encore prononcé ce nom ; eh ! quel français pourroit le prononcer sans frémissement et sans indignation ?) Dumouriez vint à Paris. Les patriotes Bataves lui avoient communiqué un plan d'invasion en Zélande ; je fus chargé par eux de rédiger un mémoire politique sur cet objet. Ce mémoire fut remis au conseil exécutif provisoire par des députés bataves :

il fit une grande impression ; mais tout sembloit se réunir pour annihiler les mesures efficaces , et pour rendre notre courage impuissant. Les ménagemens et les égards pour la cour de Londres l'emportèrent sur la délivrance des Bataves. Dumouriez retourna à son poste , l'esprit et le cœur pervertis par Brissot et sa faction. tous mes efforts pour le rapprocher de la société des jacobins furent inutiles , et dès-lors je vis la liberté en péril (1).

Spectateur inquiet de tous les événemens que j'apprenois par la voie des papiers publics , je n'avois conservé aucune relation dans les Pays-Bas. La déroute de nos armées présagea de plus grands revers , et la trahison de Dumouriez vint mettre le comble à nos malheurs. J'étois abandonné aux sentimens les plus pénibles , lorsque Brissot et sa faction (sans doute pour faire prendre le change sur ses funestes intelligences avec Dumouriez) me fit conduire dans la prison de l'Abbaye , où j'ai été détenu pendant quarante jours , quoiqu'il n'y eut contre moi ni dénonciations , ni plaintes ; ni preuves , ni indices.

Marat, cet incorruptible ami du peuple et de la vérité ; après s'être assuré de la pureté de ma conduite révolutionnaire , alla un jour plaider ma cause au comité de sûreté - générale ; il s'adressa particulièrement au citoyen Osselin , rapporteur de mon affaire. Convaincu qu'il existoit un système d'anéantir les patriotes par les patriotes ; convaincu surtout que j'étois victime de la faction Brissot , Roland , etc , c'est à sa juste sollicitude en faveur des opprimés , que j'ai dû en partie mon élargissement.

---

(1) J'invoque le témoignage des citoyens Jeanbon-S.-André , député à laconvention ami fidèle du peuple , Mailhe , rapporteur de la loi sur la suppression entière des droits féodaux , Desfieux , Simone , etc.

L'examen

L'examen de mes papiers, et mon interrogatoire, firent connoître mon innocence, et je sortis une seconde fois triomphant
des tentatives criminelles de Brissot.

Citoyens, depuis deux ans que j'habite la section de la Fontaine-
de-Grenelle, j'ai constamment donné des preuves de mon dévouement à la république et aux intérêts du peuple ; j'ai constamment
donné l'exemple de l'exactitude et du zèle à remplir mes devoirs
de citoyen ; j'ai bravé le fer et le poison pour défendre l'égalité
et la liberté, je n'ambitionne pour toute récompense que l'estime
de mes concitoyens ; m'en priver sans motif, seroit couvrir de
deuil le reste de ma vie.

G. BONNECARRÈRE.

L'ASSEMBLÉE GÉNÉRALE de la Section de la Fontaine de
Grenelle, ayant entendu la lecture du mémoire présenté au
comité révolutionnaire par *Guillaume BONNECARRÈRE*, le jeudi
cinq septembre, ainsi que le compte rendu par ce citoyen à
l'assemblée générale, ce jour, 10 du courant, de sa conduite
depuis le commencement de la révolution ; autorise ledit citoyen
G. Bonnecarrère à faire imprimer, afficher et distribuer l'une
et l'autre de ces deux pièces justificatives ; charge son comité
révolutionnaire de constater les faits avancés, et de vérifier avec
la plus scrupuleuse exactitude les preuves citées à l'appui dudit
compte ; le charge pareillement de lui en faire un rapport le

plus promptement possible , afin qu'elle puisse prononcer son jugement sur le citoyen Bonnecarrère , dans lequel elle a reconnu jusqu'à présent les seutimens et les principes d'un vrai républicain.

Arrêté à l'unanimité les jour et an que dessus.

Signés , PONS , président.

FEUILLEBOIS & MÉRY , secrétaires.

DE L'IMPRIMERIE DU JOURNAL DES HOMMES LIBRES,
Chez R. VATAR et ass. , rue de l'Université , n°. 139 ou 926.